English-Armenian Bilingual Books for Kids - Book I.

Copyright © 2023 by LA Digital Publications.

This book is a work of fiction. Names, characters, businesses, organizations, places, events and incidents either are the product of the author's imagination or are used fictitiously.

Any resemblance to actual persons, living or dead, events, or locales is entirely coincidental.

Book and Cover design by LA Digital Publications

ISBN: 979-8-9866098-8-1

First Edition: July 2023

10 9 8 7 6 5 4 3 2 1

LA DIGITAL
PUBLICATIONS

Introducing LA DIGITAL PUBLICATIONS' captivating English-Armenian Bilingual Books for Kids series – an enchanting journey designed exclusively for bilingual children seeking to master English and Armenian, simultaneously enriching their linguistic prowess!

Our dedicated team of language experts pioneered a special structured learning approach to reading in Armenian. Each book in our series commences with simpler texts, providing an accessible entry point for children. However, as they continue their reading journey, these young minds will gradually encounter more intricate vocabulary and syntax structures, nurturing reading proficiency, enhancing comprehension, and expanding vocabulary.

In Book I (Level I) of this extraordinary series, young readers will embark on an exciting adventure through 15 engaging stories. These tales, skillfully rendered in both English and Armenian, hold the key to unlocking the remarkable benefits that await your child:

📚 Enhanced Language Skills: As your child navigates through these bilingual stories, they'll effortlessly grasp the intricacies of both English and Armenian, broadening their linguistic horizons.

🧠 Cognitive Growth: Each story is accompanied by exercises, meticulously designed to enhance reading comprehension and vocabulary, fostering cognitive development in an enjoyable way.

🌍 Global Insight: Beyond language acquisition, these tales reveal fascinating insights about history and culture from around the world, sparking curiosity and broadening your child's knowledge of our diverse planet.

We recommend that your children cover one story per day, three to five times a week, dedicating 15-20 minutes each day. Initially, they may require assistance, but the goal is for them to gradually complete each story independently.

Level 1

Module 1.1

The cat was not interested in mice! There lived two mice in the house. One picked up crumbs off the floor. Then he carried them to his hole. The second mouse was more agile. She stole cookies right off the table. She also snatched food right off the cat's plate! The cat could care less. The cat was fond of catching flies. And the mice could run around the cat calmly without any fear of being caught.

1. What is this story about?

- Cats and mice can never get along.
- The cat does not care about the mice, and the mice can safely go about their business.

2. What was the cat fond of?

- watching the mice.
- catching flies.

Մակարդակ 1

Մոդուլ 1.1

Մկնիկները կատվին չէի՛ն հետապրքրում... Իսկ տանը երկու մուկիկ էին ապրում: Մկնիկներից մեկը ուտելիքի փշրանքներ էր հավաքում հատակից: Հետո դրանք քարշ էր տալիս իր բույնը: Երկրորդ մկնիկն ավելի ճարպիկ էր: Նա թխվածքաբլիթ էր գողանում հե՛նց սեղանի վրայից: Դեռ ավելի՛ն, նա կերը գողանում էր ուղիղ կատվի ամանից... Կատվի ոտքերին էլ չէր: Կատուն սիրում էր ճանճ որսալ: Իսկ մկնիկներն այդպես էլ հանգիստ վազվզում էին նրա շուրջը:

1.   Ինչի՛ մասին է խոսվում տեքստի մեջ.

•   Կատուներն ու մկները երբեք չեն կարող լեզու գտնել իրար հետ:

•   Կատուն ուշադրություն չի դարձնում մկների վրա, իսկ նրանք հանգիստ զբաղվում են իրենց գործերով:

2.   Ի՛նչն է կատվին հետապրքիր.

•   հետևել մկներին

•   ճանճ որսալ

3. How was the cat's behavior unusual?
    Choose all answers that are correct.

- The cat could care less about the mice.
- The cat disliked catching flies.

- The cat did not care if the mice stole his food.

4. How was the first mouse more mischievous than the second?

- The first mouse cannot catch up with it.
- The second mouse gets the food right off the cat's table or plate.

5. Which answer is closest in meaning to the word "agile" in the sentence "The second mouse was more **agile**"?

- nimble
- noisier

3. Ինչի՞ համար կարելի է կատվի պահվածքն անվանել զարմանալի: Ընտրե՛ք բոլոր հնարավոր պատասխանները.

- Կատուն ուշադրություն չի դարձնում մկների վրա:
- Կատվին չեն հետաքրքրում ճանճերը:
- Կատվի համար մեկ է ,որ մկնիկը գողանում է իր կերը:

4. Ինչու՞ է երկրորդ մկնիկն ավելի ճարպիկ, քան առաջինը.

- Կատուն ուշադրություն չի դարձնում մկների վրա:
- Առաջին մկնիկը չի կարող հասնել նրան:
- Ճարպիկ մկնիկը ուտելիք է հայթայթում դժվար հասանելի տեղերից:

5. «Երկրորդ մկնիկն **ավելի ճարպիկ** էր» նախադասության մեջ ո՞ր տարբերակն է իր իմաստով ավելի մոտ «ավելի ճարպիկ» բառին.

- Երկրորդ մկնիկն ավելի ճկուն էր:
- Երկրորդ մկնիկն ավելի աղմկոտ էր:

6. Which answer is **opposite** to the word «**calmly**» in the sentence "And the mice could run around the cat **calmly** without any fear of being caught"?

- quietly
- loudly

7. Insert missing words.

snatches   interested   still

- The dog was not _____________ in the parrots in the cage.
- A clever cat often _____________ sausages from the table.
- Our impatient children could not sit _____________.

Module 1.2

Boghar, an old sheepdog, herds sheep every day. Boghar has been doing this for eight years. In the morning, Boghar and other sheepdogs guide the sheep out of the pen.

6.   Ո՞ր տարբերակն է իր իմաստով **հականիշ** «**հանգիստ**» բառին

«Իսկ մկնիկներն այդպես էլ **հանգիստ** վազվզում էին նրա շուրջը» նախադասության մեջ.

- անվտանգ
- եռանդուն

7.   Լրացրե՛ք բաց թողնված բառերը.

քարշ տալիս   հետաքրքիր   հանգիստ

- Շանը ＿＿＿＿＿＿＿ չէին վանդակի մեջ գտնվող թութակները:
- Ծարավիկ կատուն հանախս էր ＿＿＿＿＿＿ նրբերշիկները սեղանի վրայից:
- Անհամբեր երեխաները չէին կարողանում ＿＿＿＿＿＿ նստել տեղում:

Մոդուլ 1.2

Ձեր հովվաշուն Բողարն ամեն օր արածեցնում է ոչխարներին: Բողարն այսպես աշխատում է արդեն ութ տարի: Առավոտյան Բողարը մյուս հովվաշների հետ միասին փարախից դուրս է հանում ոչխարներին:

Boghar runs around rounding up sheep a lot. Boghar gathers them in a line. Then the dog guides the sheep to the meadow. The flock is huge. But Boghar does not let any sheep get lost. In the afternoon, the sheep nibble the grass in the meadow. Meanwhile, Boghar rests in the shade. In the evening he will drive the sheep back to the sheepfold.

1. What is this story about?

- Boghar the sheepdog works hard.
- Boghar the sheepdog is tired of herding sheep.

2. What is Boghar's main job?

- to teach the sheep how to eat grass
- to take the sheep to the meadow and back

3. What does Boghar do to get his energy back after herding the sheep to the meadow in the morning?

- Boghar rests in the shade while the sheep munch on the grass in the meadow.
- Boghar eats a lot of food.

Բողարը չափից դուրս շատ է վազվզում ոչխարների շուրջը: Նա հավաքում է հոտը: Հետո շունն ուղարկում է ոչխարներին մարգագետնում արածելու: Հոտը հսկայական է: Բայց Բողարը թույլ չի տալիս, որ որևէ ոչխար կորչի: Ցերեկը ոչխարները հովտում խոտ են որոնում: Այդ ընթացքում Բողարը հանգստանում է ստվերում: Երեկոյան նա հետ կբշի ոչխարներին դեպի փարախ:

1. Ինչի՞ մասին է խոսվում տեքստի մեջ.

    • Հովվաշուն Բողարը շատ է աշխատում:
    • Հովվաշուն Բողարը հոգնել է ոչխար արածեցնելուց:

2. Ո՞րն է Բողարի գլխավոր խնդիրը.

    • Ոչխարներին խոտ արածել սովորեցնել:
    • Ոչխարներին քշել հովիտ ու հետ բերել:

3. Ինչպե՞ս է Բողարը վերականգնում ուժերը՝ ամբողջ ցերեկը վազվզելուց հետո.

    • Բողարը հանգստատանում է ստվերում, քանի դեռ ոչխարներն արածում են մարգագետնում:
    • Բողարը շատ կեր է ուտում:

4. Why is the work of sheepdogs so remarkable?

- Sheepdogs run all day long.
- Sheepdogs know how to manage a huge flock of sheep.

5. Which option best matches the meaning of the word "meadow" in the sentence "Then the dogs lead the sheep into the **meadow**"?

- The dogs then lead the sheep to the pasture.
- The dogs then lead the sheep into the garden.

6. Which option is the **opposite** of "**in the shade**" in the sentence "Boghar rests **in the shade**"?

- in the cool
- in the sun

7. Insert missing words.

nibbling   send   lead

- They decided to ______________ the horses to the river.

4.   Ինչի՞ համար է զարմանալի հովիվ շների աշխատանքը։

- Հովիվ շները վազվզում են ամբողջ օրը։
- Հովիվ շները կարողանում են դեկավարել հսկա հոտը։

5.   Որ՞ տարբերակն է իր իմաստով ավելի մոտ «մարզագետնում» բառին

    "Հետո շներն ուղարկում են ոչխարներին **մարզագետնում** արածելու» նախադասության մեջ.

- Հետո շներն ուղարկում են ոչխարներին արոտավայր։
- Հետո շներն ուղարկում են ոչխարներին այգի։

6.   Ո՞ր տարբերակն է իր իմաստով **հականիշ**«ստվերում» բառին «Այդ ընթացքում Բողարը հանգստանում է **ստվերում**» նախադասության մեջ.

- զովության մեջ
- արևի տակ

7.   Լրացրե՛ք բաց թողնված բառերը։

    Երեկոյան   արածում   քշել

- Որոշված էր ձիերին ____________ դեպի գետը։

13

- Children are often thrilled at the sight of geese _____________ on the grass on a dusty road.
- Our cat was _____________ us towards the new mouse hole.

Module 1.3

Chip loved to splash in puddles. And he hated bathing. Chip was a small curly-haired poodle. He loved going for walks, and he often got muddy while walking. Then Chip would have to take a bath. Before bathing, Chip always hid under the bed. But his owner would take him out and put him back into the bathtub. Chip would be very displeased, barking and sneezing. After bathing, Chip would meticulously shake off the water all over his owner. Despite this, Chip and his owner get along well.

1. What is the story about?

- It was not easy to make Chip take a bath.
- Chip didn't like to get his paws wet in puddles.

2. Why does Chip need to take a bath?

- Chip often gets muddy during his walks.

- Առավոտյան սագերը խոտ են ___________ տան մոտ:
- ___________ քնելուց առաջ մենք գրքեր ենք կարդում:

Մոդուլ 1.3

Չիպը սիրում էր շրմփացնել ջրափոսերի մեջ: Իսկ լողանալ՝ նա պարզապես ատում էր: Չիպը ոչ մեծ, զանգուր պուդել էր:Նա գժվում էր գրոսնելու համար և հաճախ էր լողվում ինչ-որ բանով գրոսանիքի ժամանակ:Այդ դեպքում Չիպին լողացնում էին: Նախքան լողացնելը Չիպը բազմիցս թաքնվում էր մահճակալի տակ: Բայց տերը նրան բռնում էր ու մտցնում լոգարանի մեջ: Չիպը հակառակվում էր, հաչում ու փնշտում: Լողանուց հետո Չիպը մի լավ թափ էր տալիս իր վրայից ջուրը տիրոջ վրա: Իսկ ընդհանրապես, Չիպն ընկերակցում էր տիրոջը:

1. Ինչի՞մասին է խոսվում տեքստի մեջ.

- Չիպին դժվար էր համոզել լողանալ:
- Չիպը չէր սիրում թրջել թաթերը ջրափոսերի մեջ:

2. Ինչի՞ համար էր անհրաժեշտ լողացնել Չիպին.

- Չիպը հաճախ էր ինչ-որ բանով լողգվում գրոսանքների ժամանակ:

- Chip has leaves stuck in his fur.

3. What kind of breed is Chip?

- Chip is a mutt.
- Chip is a poodle.

4. How does Chip express his displeasure after bathing?

- Chip starts biting his owner.
- Chip barks, sneezes, and makes noises.

5. Which answer is closest in meaning to the word "meticulously" in the sentence "After bathing, Chip would **meticulously** shake off the water all over his owner"?

- After the bath, Chip carefully shakes himself, getting water all over his owner.
- After the bath, Chip angrily shakes himself, getting water all over his owner.

6. Which answer is **opposite** in meaning to the word "**get along**" in the sentence "Despite this, Chip and his owner **get along** well"?

• Ձիայի մազերի մեջ տերևներ էին խճճվում:

3. Ինչ՞ գեղատեսսակ էր Ձիան.

• Ձիան խառը գեղատեսսակի շուն էր:
• Ձիան պուդել էր:

4. Ինչպե՞ս էր Ձիան արտահայտում իր դժգոհությունը լողանալուց հետո.

• Նա սկսում էր կծել:
• Նա հակառակվում էր, հաչում ու փռշտում:

5. Ո՞ր տարբերակն է իր իմաստով ավելի մոտ գտնվում «մի լավ» արտահայտությանը «Լողանալուց հետո Ձիան **մի լավ** թափի էր տալիս իր վրայից ջուրը տիրոջ վրա» նախադասության մեջ.

• Լողանալուց հետո Ձիան ջանասիրաբար թափի էր տալիս իր վրայից ջուրը տիրոջ վրա:
• Լողանալուց հետո Ձիան դիտավորյալ թափի էր տալիս իր վրայից ջուրը տիրոջ վրա:

6. Ո՞ր տարբերակն է իր իմաստով **հակադիր** «**ընկերակցում էր**» արտահայտությանը «Իսկ ընդհանրապես, Ձիան **ընկերակցում էր** տիրոջը» նախադասության մեջ.

- are friends with each other
- quarrel with each other

7. Insert missing words.

carefully   covered   curly

- The child is all _____________ in chocolate.
- My sister has _____________ hair.
- I _____________ placed my clothes in the suitcase.

Module 1.4

Snowball the cat was scared of water. When he was thirsty, he drank water from the bowl ever so carefully. He tried not to go near it. Nonetheless, Snowball was convinced that water was harmful for cats. He was afraid of water since he was a little kitten.

One day Snowball the cat was chasing sun beams around the house. Accidentally he got his paws in a bowl of water. Nothing bad happened! Snowball the cat was very surprised.

- լեզու էր գտնում
- հակառակվում էր

7. Լրացրե՛ք բաց թողնված բառերը.

    մի լավ   քսնվել էր   զանգուր

- Երեխան ամբողջությամբ ____________ շկոլադով:
- Իմ քույրը ____________ մազեր ունի:
- Ես ____________ դասավորեցի իմ հագուստը ճամպրուկի մեջ:

Մոդուլ 1.4

Ձյունիկ կատուն ջրից վախենում էր` ինչպես կրակից: Նույնիսկ երբ ջուր էր խմում ջրամանից, ապա դա անում էր շատ զգույշ: Ձյունիկն իր ամբողջ կյանքում երբեք չէր լողացել: Այնուամենայնիվ, նա համոզված էր,որ կատուների համար ջուրը վնասակար է և նույնիսկ` վտանգավոր: Ձյունիկը ջրից սկսեց վախենալ դեռևս երբ նա փոքրիկ ձագուկ էր:

Մի անգամ Ձյունիկը տանն ընկել էր արևի շողերի հետևից: Նա առջևի թաթով ակամայից ընկավ ջրով լի ջրամանի մեջ: Թաթի հետ ոչինչ չպատահեց: Ձյունիկը շատ զարմացավ:

Snowball the cat was no longer afraid of water. Still, he was quite wary of water.

1.What is the text about?

- Snowball the cat realized water is not dangerous to cats.
- Snowball the cat started loving water and would take a bath weekly.

2. Since when was Snowball afraid of water?

- Since he was given a bath.
- Since when he was a kitten.

3. How did Snowball get his paws in the bowl of water?

- He was chasing sun beams and accidentally got his paws in the water.
- He decided to splash some water.

4. How did Snowball the cat realize that water was not dangerous to the cats?

Նա սկսեց երբեմն թրջել իր թաթիկները ջրի մեջ՝ հատկապես շոգին: Բայց ընդհանրապես, Ձյունիկը շարունակում էր ջրին զգուշությամբ վերաբերվել:

1. Ինչի՞ մասին է խոսվում տեքստում.

    •   Ձյունիկ կատուն հասկացավ, որ ջուրն այնքան էլ ահավոր չէ կատուների համար, որքան ինքն էր մտածում առաջ:
    •   Ձյունիկ կատվին դուր եկավ ջուրը, և նա սկսեց լողանք ընդունել:

2. Ո՞ր պահից սկսած Ձյունիկ կատուն սկսեց վախենալ ջրից.

    •   Այն բանից հետո, երբ նրան լողացրեցին:
    •   Դեռ այն ժամանակ, երբ նա փոքրիկ փիսիկ էր:

3. Ի՞նչ պարագայում Ձյունիկ կատուն թաթիկներով ընկավ ջրով լի կերամանի մեջ.

    •   Նա ընկել էր արևի շողերի հետևից և պատահաբար նրա թաթիկն ընկավ ուղիղ ջրամանի մեջ:
    •   Նա որոշեց չփչփացնել ջրի մեջ:

4. Ինչպես Ձյունիկ կատուն հասկացավ, որ ջուրն այդքան էլ սարսափելի չէ կատուների համար. 21

- He realized nothing bad happened to him when his paws got wet.
- Because he could drink water from the bowl.

5. Which answer is closest in meaning to the word "wary" in the sentence "Still, he was quite **wary** of water"?

- Still, he was quite cautious of water.
- Still, he was quite excited about water.

6. Which answer is **opposite** in meaning to the word "**accidentally**" in the sentence "**Accidentally** he got his paws in a bowl of water"?

- inadvertently
- intentionally

- Նա իր թաթիկով պատահաբար ընկավ ջրով լի ամանի մեջ, և ոչինչ սարսափելի չպատահեց:
- որովհետև նա կարողացավ հանգիստ ջուր խմել ջրամանից:

5. Ո՞ր տարբերակն է իր իմաստով ավելի մոտ «զգուշությամբ» բառին

> «Բայց ընդհանրապես, Զյունիկը շարունակում էր ջրին **զգուշությամբ** վերաբերվել» նախադասության մեջ.

- Բայց ընդհանրապես, Զյունիկը շարունակում էր ջրին հոգատարությամբ վերաբերվել:
- Բայց ընդհանրապես, Զյունիկը շարունակում էր ջրին լրջությամբ վերաբերվել:

6. Ո՞ր տարբերակն է իր իմաստով **հակադիր** «ակամայից» բառին «Նա առաջին թաթով **ակամայից** ընկավ ջրով լի կերամանի մեջ» նախադասության մեջ.

- անզգուշաբար
- դիտավորյալ

7. Insert missing words.

accidentally   close   astonished

- The dog was paying a _______________ attention to the sounds coming from behind the door.
- The kids _______________ spilled hot chocolate all over the floor.
- The passerby was _______________ with the peculiar car.

Module 1.5

Dave just turned thirty-two years old. By horse standards, this is the age for retirement. But Dave continues working. A long time ago, Dave was a dressage horse. He participated in many tournaments. For many years now, Dave has been working with young children, helping them learn horseback riding. Every day Dave spends long hours in the arena. At the end of the lessons, the children treat Dave to his favorite treats - carrots or apple slices.

1. What is this text about?

- Dave the horse is tired of working.
- Dave the horse has worked hard all his life.

7.   Լրացրե՛ք բաց թողնված բառերը.

    Ակամայից   զգուշությամբ   զարմացած

* Շունը ____________ ունկնդրում էր դրան եռնւից լսվող տարօրինակ ձայներին:
* Երեխաներն ____________ թափեցին կարթ հատակին:
* Անցորդը ____________ էր ծաղկած ծառով:

Մոդուլ 1.5

Լրացավ Դեյվի երեսունվերեք տարին: Չհու չափանիշներով՝ դա կենսաթոշակային տարիք է: Չնայած դրան՝ Դեյվը շարունակում է աշխատել:Վաղ անցյալում Դեյվը եղել է վարժվելու նժույգ: Նա նույնիսկ մասնակցել է բազմաթիվ մրցաշարերի: Արդեն շատ տարիներ Դեյվը աշխատում է մանկահասակ երեխաների հետ և օգնում նրանց սովորել ձի քշել :Օրեր շարունակ Դեյվը երկար ժամեր է անց կացնում ձիամարզարանում: Պրապմունքների ավարտին երեխաները Դեյվին տալիս են նրա սիրելի անուշեղենը՝ զազար կամ խնձորի կտորներ:

1.   Ինչի՞ մասին է խոսվում տեքստում.

* Դեյվ անունով ձին այլևս չի ուզում աշխատել:
* Դեյվ անունով ձին չարչարվում է իր ամբողջ   25

2. What was Dave's job when he was younger?

- He was a dressage horse.
- He was a racing horse.

3. What is Dave's job today?

- Dave works at a circus.
- Dave teaches kids horseback riding.

4. What are Dave's favorite treats?

- carrots and apples
- hay

5. Which answer is closest in meaning to the word "retirement " in the sentence "By horse standards, this is the age for **retirement**"?

- By horse standards, it is a young age.
- By horse standards, it is an old age.

6. Which answer is **opposite** in meaning to the phrase "**a long time ago**" in the sentence "**A long time ago**, Dave was a dressage horse"?

- recently

կյանքի ընթացքում:

2. Ի՞նչ է աշխատել Դեյվը երիտասարդ տարիքում.

* Դեյվն աշխատել է որպես վարժվելու նժույգ:
* Դեյվը մասնակցել է ձիարշավների:

3. Ի՞նչ է աշխատում Դեյվը հիմա.

* Նա աշխատում է կրկեսում:
* Նա սովորեցնում է երեխաներին ձի քշել
4. Ի՞նչ համով բաներ է սիրում ուտել Դեյվը.

* գազար ու խնձոր
* խոտ

5. Ո՞ր տարբերակն է իր իմաստով ավելի մոտ «կենսաթոշակային» բառին «Ձիու չափանիշներով՝ դա **կենսաթոշակային** տարիք է» նախադասության մեջ.

* Ձիու չափանիշներով՝ դա երիտասարդ տարիք է:
* Ձիու չափանիներշով՝ դա ծեր տարիք է:

6. Ո՞ր տարբերակն է իր իմաստով **հակադիր** «վաղ անցյալում» արտահայտությանը «**Վաղ անցյալում** Դեյվը եղել է վարժվելու նժույգ» նախադասության մեջ.

* վերջերս

• in the old days

7. Insert missing words.

retiring   tournament   assisted

• When Sophia was in the third grade, she took part in her first golf ____________.
• Dad ____________ his son with his math homework almost every day.
• Our grandfather kept on working even after ____________.

Module 2.1

Once a year, Kuzma the Labrador has to go to the vet for a check-up. Kuzma doesn't like going to the vet. Kuzma is fond of the vet himself, and he considers him a good pal. The vet is very good-natured, and he gives Kuzma the best scratches behind the ear. The vet's staff though is not that friendly. They give Kuzma unpleasant shots. But the most offensive is a cheeky cat who lives in the vet's clinic. The cat always sits at the counter and looks down at Kuzma. Kuzma shows the cat his teeth and growls at him. Kuzma gets scolded for this.

- շատ տարիներ առաջ

7. Լրացրե՛ք բաց թողնված բառերը.

Կենսաթոշակային միջցաշարերի օգնում էր

- Արդեն երրորդ դասարանում Սոֆիան մասնակցում էր գոլֆի ___________:
- Հայրը մի անգամ չէր, որ __________ որդուն՝ աշխարհագրության հետ կապված:
- Պապիկը __________ տարիքում ևս շարունակում է աշխատել:

Մոդուլ 2.1

Լաբրադոր Կուզմային տարին մեկ անգամ տանում են անասնաբույժի մոտ: Կուզման չի սիրում այս ուղևորությունները: Անձամբ անասնաբույժին Կուզման համարում է իր լավ բարեկամը: Անասնաբույժը զվարթ է և կարողանում է մի լավ քորել ականջի ետևը: Միայն թե անասնաբույժի աշխատողներն այդպես ընկերասեր չեն: Նրանք Կուզմային անդուր ներարկումներ են անում: Իսկ ամենավիրավորականը՝ դա լվտի կատուն է, որ ապրում է կլինիկայում: Կատուն միշտ նստում է համակարգչի մոտ գտնվող դարակին ու վերից վար նայում Կուզմային: Կուզման կատվին ցույց է տալիս ատամներն ու գռմռում նրա վրա: Բայց դրա համար Կուզմային նախատում են:

1. What is this text about?

- Kuzma is fond of going to the vet.
- Going to the vet involves some unpleasant moments for Kuzma.

2. Why doesn't Kuzma like vet's staff?

- They give him shots.
- They smell like cats.

3. What does Kuzma think of the vet?

- Kuzma is friends with the vet.
- Kuzma wants to show vet his teeth.

4. What happens when Kuzma growls at the cat?

- The cat growls back at Kuzma.
- Kuzma gets scolded.

5. Which answer is closest in meaning to the word "pal" in the sentence "Despite this, Kuzma is fond of the vet himself, and he considers him a good **pal**"?

1. Ինչի՞ մասին է խոսվում տեքստի մեջ.

• Կուզման հիանում է, երբ իրեն տանում են անասնաբուժի մոտ:
• Անասնաբուժին այցելելու ընթացքում Կուզմայի համար կան տհաճ պահեր:

2. Ինչու՞ Կուզմային այնքան էլ դուր չեն գալիս անասնաբուժի օգնականները.

• Նրանք ներարկում են իրեն:
• Նրանցից կատվի հոտ է գալիս:

3. Ինչպե՞ս է Կուզման վերաբերվում անասնաբուժին.

• Նրանք ընկերներ են:
• Կուզման ուզում է ատամ ցույց տալ անասնաբուժին:

4. Ի՞նչ կպատահի, եթե Կուզման գռմռա կատվի վրա.

• Կատուն կմոլտա Կուզմայի վրա:
• Կուզմային կնախատեն:

5. Ո՞ր տարբերակն է իր իմաստով ավելի մոտ «բարեկամ» բառին «Անձամբ անասնաբույժին Կուզման համարում է իր լավ **բարեկամը**» նախադասության մեջ.

- Kuzma is fond of the vet himself, and he considers him a good friend.
- Kuzma is fond of the vet himself, and he considers him a good doctor.

6. Which answer is **opposite** in meaning to the word **"friendly"** in the sentence "The vet's staff though is not that **friendly**"?

- aggressive
- kind

7. Insert missing words.

scold   mean   rude

- Little Vruyr got very angry with his grandmother, but he did not say anything ____________ to her.
- Our mom thinks you should never ____________ children.
- The little boy was being ____________ and took away all of my toys!

- Անձամբ անասնաբույժին Կուզման համարում է իր լավ ընկերը:
- Անձամբ անասնաբույժին Կուզման համարում է լավ բժիշկ:

6. Ո՞ր տարբերակն է իր իմաստով հակադիր «ընկերասեր» բառին «Միայն թե անասնաբույժի աշխատողներն այդպես **ընկերասեր** չեն» նախադասության մեջ.

- ագրեսիվ
- բարիացկամ

7. Լրացրե՛ք բաց թողնված բառերը.

Նախատել լկտի վիրավորական

- Վրույր անունով տղան բարկացավ, բայց ____________ բառեր չասաց տատիկին:
- Մայրիկը կարծում էր, որ չի կարելի ____________ երեխաներին:
- Փոքրիկ տղան իրեն ____________ էր պահում ու չարդե՛ց իմ բոլոր խաղալիքները:

Agatha the cat loves to eat canned fish. Usually, her owners feed her regular cat food. A few times a week though Agatha enjoys sardines in a tomato sauce from a flat tin.

Agatha has a small aquarium at home. There are a few tiny silver and striped fish in the aquarium. Agatha loves sitting by the aquarium watching the fish. She often tries to open up the lid of the aquarium, but it is too heavy. She would love to catch striped fish.

"If canned fish are so tasty, then fresh fish from the tank must be even tastier," Agatha thinks. But for some reason the owners shoo Agatha away from the tank and don't let her fish.

1. What is the text about?

- Agatha the cat was not allowed to eat fish.
- Agatha the cat loves canned fish, and she also dreamed about catching some fish from the tank.

Մոդուլ 2.2

Ազաթա փիսիկը պաշտում է ձկան պահածոները: Սովորաբար Ազաթային կատվի կեր են տալիս: Բայց շաբաթը մի քանի անգամ Ազաթան վայելում է իր սիրելի ձուկը՝ տոմատի մածուկի մեջ, պահածոյի թիթեղյա տափակ ամանից:

Ավելին, Ազաթայի տանը ոչ շատ մեծ մի ակվարիում կա: Ակվարիումի մեջ ապրում են արծաթագույն, զծավոր՝ տարբեր փոքրիկ ձկնիկներ: Ազաթան հաճախ է նստում ակվարիումի մոտ և հետևում ձկներին: Երբեմն Ազաթան փորձում է հետ քաշել ակվարիումի կափարիչը: Ազաթան այնպես է ուզում որսալ զծավոր ձկներին:

«Եթե ձկները պահածոյի մեջ այդքան համեղ են, ուրեմն կենդանի ձկներն ակվարիումի մեջ պետք է, որ ավելի համեղ լինեն», — մտածում է Ազաթան: Բայց չգիտես ինչու, տանտերերը հեռու են քշում Ազաթային ակվարիումի մոտից և չեն թողնում նրան ձկնորսությամբ զբաղվել:

1.   Ինչի՞ մասին է խոսվում տեքստի մեջ.

*   Ազաթա փիսիկին թույլ չէին տալիս ձուկ ուտել:
*   Ազաթա փիսիկը սիրում էր ձկան պահածոներ և երազում էր ձուկ որսալ ակվարիումից:

2. What does Agatha usually eat?

- cat food
- fresh fish from the tank

3. Why can't Agatha catch fish from the tank?

- The fish in the tank hide in the seaweed.
- Agatha cannot open the tank lid.

4. Why does Agatha think that she will like fish from the tank?

- because the fish were striped.
- because she loved canned fish.

5. Which answer is closest in meaning to the word "watching" in the sentence "Agatha loves sitting by the aquarium **watching** the fish"?

- Agatha loves sitting by the aquarium observing the fish.
- Agatha loves sitting by the aquarium counting the fish.

2.   Ինչո՞վ է սովորաբար սնվում Ազաթան.
*   կատվի կերով
*   ակվարիումի ձկներով

3.   Ինչու՞ Ազաթային չի հաջողվում ձուկ բռնել ակվարիումից.

*   Ձկները թաքնվում են Ազքթայից չրիմունռների մեջ:
*   Նրա մոտ չի ստացվում հետ քաշել ակվարիումի կափարիչը:

4.   Ինչու՞ է Ազաթան որոշել, որ իրեն դուր կգան ակվարիումի ձկները.

*   Որովհետև ձկները գծավոր էին:
*   Որովհետև պահածոյացրած ձուկը շատ համեղ էր:

5.   Ո՞ր տարբերակն է իր իմաստով ավելի մոտ «հետևում » բառին «Ալիսան հաճախ է նստում ակվարիումի մոտ և **հետևում** ձկներին» նախադասության մեջ.

*   Ալիսան հաճախ է նստում ակվարիումի մոտ և դիտում ձկներին:
*   Ալիսան հաճախ է նստում ակվարիումի մոտ և ձուկ որսում:

37

6. Which answer is **opposite** in meaning to the word "**loves**" in the sentence "Agatha the cat **loves** to eat canned fish"?

- is fond of
- can't stand

7. Insert missing words.

fond   feasted   fish

- While on a walk, the bear cub _____________ on berries.
- In summer the boys are happy to _____________ in the river.
- My dad is very much _____________ of ice cream.

Module 2.3

Rita the fish settled down the fish tank quite recently. At first, other fish in the aquarium would swim away from her. Rita was puzzled and did not know why the fish were afraid of her. Over time, the fish got used to Rita. Rita went on to become friends with other fish.

6.   Ո՞ր տարբերակն է իր իմաստով հակադիր «պաշտում
է» բառին «Ազաթա փիսիկը **պաշտում է** ձկան
պահածոները» նախադասության մեջ.

- սիրում է
- տանել չի կարողանում

7.   Լրացրե՛ք բաց թողնված բառերը.

    պաշտում է   վայելում էր   ձուկ որսալ

- Ջրոսանքի ժամանակ արջուկը _____________
հատապտուղները:
- Անտառը երեխաներին հաջողվում է
_____________:
    Իմ հայրը պարզապես _____________
պաղպաղակը:

Մոդուլ 2.3

    Ռիտա ձկնիկը բոլորովին վերջերս է բնակություն
հաստատել ակվարիումում: Ակվարիումի բնակիչները
սկզբում փախչում էին նրանից տարբեր ուղղություններով:
Ռիտան չէր հասկանում, թե ինչու են իրենից վախենում:
Բայց ժամանակի ընթացքում ընտելացան նրան: Ռիտան
ընկերացավ ձկներին:

One day, a new fish arrived in the aquarium. Rita's friends immediately hid from it. Rita though thought to say hi to the new fish. Instead of greeting Rita, the new fish nipped Rita's fin. Rita hastily swam away from it and hid in the seaweed. Luckily, the new fish was soon removed from the aquarium, and Rita in turn learned how to be careful.

1. What is the story about?

- Rita the fish did not manage to make friends in the aquarium.
- Rita learned how to be careful.

2. How did the aquarium fish get used to Rita?

- Gradually they got used to Rita.
- Rita helped them forage for food.

3. Why did Rita decide to say hi to the new fish?

- Rita wanted to eat it.
- Rita did not expect the new fish to attack her.

Մի անգամ ակվարիումում նոր ձուկ տեղավորեցրին: Ռիտայի ընկերներն անմիջապես թաքնվեցին ով որտեղ կարող էր: Իսկ Ռիտան ընդառաջ լողաց՝ ողջունելու նորեկ ձկնիկին: Սակայն նորեկ ձկնիկը «ողջույնի» փոխարեն կատցեց Ռիտայի լողաթևիկից: Ռիտան արագ հետու լողաց և ջրիմուռների մեջ թաքնվեց կծող ձկից: Բարեբախտաբար, նոր ձկնիկին շուտով հանեցին ակվարիումից, իսկ Ռիտան սովորեց զգոն լինել:

1. Ինչի՞ մասին է խոսվում տեքստի մեջ.

   • Ռիտա ձկնիկը չկարողացավ իր համար ընկերներ գտնել:
   • Ռիտա ձկնիկը սովորեց զգույշ լինել:

2. Ինրպե՞ս մնացած ձկները դադարեցին վախենալ Ռիտայից.

   • Ժամանակի ընթացքում նրանք ընտելացան նրան:
   • Նա կարողանում էր նրանց համար ուտելիք ճարել:

3. Ինչու՞ Ռիտան ընդառաջ լողաց՝ ողջունելու նորեկ ձկանը.

   • Ռիտան ուզում էր ուտել նորեկ ձկանը:
   • Ռիտան չէր սպասում, որ նորեկ ձուկը կհարձակվի իր վրա:

4. How did Rita survive the attack by the new fish?

- •   Rita hastily swam away and hid in the seaweed.
- •   Rita bit the new fish.

5. Which answer is closest in meaning to the word "nipped" in the sentence "Instead of greeting Rita, the new fish **nipped** Rita's fin"?

- •   Instead of greeting Rita, the new fish bit Rita's fin.
- •   Instead of greeting Rita, the new fish tickled Rita's fin.

6. Which answer is **opposite** in meaning to the word "**settled down**" in the sentence "Rita the fish **settled down** the fish tank quite recently"?

- •   was added to
- •   was removed from

7. Insert missing words.

careful   greet   saying hi

4.   Ինչպե՞ս Ռիտային հաջողվեց խուսափել նոր ձկնիկից.

• Ռիտան արագ հեռու լողաց նրանից և թաքնվեց ջրիմուռների մեջ:
• Ռիտան ինքը կծեց նորեկ ձկնիկին:

5.   Ո՞ր տարբերակն է իր իմաստով ավելի մոտ «կանչեց» բառին «Սակայն նորեկ ձկնիկը «ողջույնի» փոխարեն **կանչեց** Ռիտայի լողաթևիկից» նախադասության մեջ.

• Սակայն նորեկ ձկնիկը «ողջույնի» փոխարեն կծեց Ռիտայի լողաթևիկը:
• Սակայն նորեկ ձկնիկը «ողջույնի» փոխարեն խտուտ տվեց Ռիտայի լողաթևիկից:

6.   Ո՞ր տարբերակն է իր իմաստով հականիշ «տեղավորեցրին» բառին «Մի անգամ ակվարիումում նոր ձուկ **տեղավորեցրին**» նախադասության մեջ.

• ավելացրին
• հանեցին

7.   Լրացրե՛ք բաց թողնված բառերը.

Զգոն   «ողջույնի»   ողջունել

- In the morning the teacher would ask his students to ____________ each other.
- Instead of __________ to the guest, the dog barked at her.
- The brother and sister tried to be ____________ while riding their bikes in the park.

Module 2.4

The cow and the pig were friends at the farm. Nonetheless, they often quarreled. They wished they could chat together more. But because of their work, they could rarely meet. So, the cow wanted to teach the pig to eat hay with her. And the pig wanted to teach the cow to lay in a mud puddle. The friends could not agree with each other and very often ended up quarrelling. The cow would moo loudly, and the pig would squeal shrilly. The hen grew very tired from all the noise.

"What are you guys fighting about?" asked the hen. She then suggested, "How about the cow eats hay right next to the mud puddle where the pig is laying?" The cow and the pig did just that. "Now you can both go about your day together," clucked the hen. There were no more arguments.

- Առավոտյան դաստեարակցուհին սովորեցնում էր երեխաներին` ____________ միմյանց:
- Շունը ____________ փռխարեն, չգիտես ինչու, հաչեց հյուրերի վրա
- Քույր ու եղբայր փորձում էին ____________ լինել այգում հեծանիվ քշելու ընթացքում:

Մոդուլ 2.4

Ֆերմայում կովիկն ընկերացել էր խոզուկների հետ: Սակայն ընկերները հաճախ էին վիճում: Նրանք շատ էին ցանկանում ավելի շատ շփվել միմյանց հետ: Բայց իրենց գործերից ելնելով` նրանց պատահաբար էր հաջողվում հանդիպել: Այդ պատճառով էլ կովիկն ուզում էր խոզուկին իր հետ խոտ ուտել սովորեցնել: Իսկ խոզուկը երազում էր, որ կովիկին ստիպի թավալ գալ ցրափոսում: Ընկերները չկարողացան լեզու գտնել միմյանց հետ և սկսեցին վիճել: Կովիկը բարձր բառաչում էր, խոզուկը մի լավ ճղավում էր: Հավիկին հունից հանեց այս ամբողջ աղմուկը:

«Իսկ ինչ կա այստեղ վիճելու», — ասաց նա:» «Թող կովը խոտ ունի ցրափոսի մոտ, որտեղ խոզն է գոլվանում», — առաջարկեց հավը: Այդպես էլ արեցին: «Դուք հիմա միասին կարող եք շարունակել գթավել յուրաքանչյուրն իր գործով», — կշկշաց հավը: Այլևս վեճեր չեղան:

1. What is this text about?

- The hen started quarreling with the pig and the cow.
- The hen solved the argument between the cow and the hen.

2. What did the cow wish the pig would do?

- moo
- eat hay

3. What did the pig wish the cow did?

- laid in a mud puddle
- ate acorns

4. How did the hen resolve the argument between the pig and the cow?

- The hen offered that they simply continue doing their favorite activities right next to each other.
- The hen suggested that they stop talking with each other.

1. Ինչի՞ մասին է խոսսվում տեքստի մեջ.

*   Հավիկը կոկեցրեց կովին ու խոզին:
*   Հավիկը լուծեց կովի ու խոզի մեջ ծագած վեճը:

2. Կովիկն ի՞նչ էր ուզում սովորեցնել խոզուկին.

*   բառաչել
*   խոտ ուտել
3. Խոզուկն ի՞նչ էր ուզում սովորեցնել կովիկին.

*   թավալ գալ ջրափոսում
*   կաղին ուտել

4. Ինչպե՞ս հաջողվեց հավին լուծել կովի ու հավի մեջ ծագած վեճը.

*   Նա առաջարկեց նրանց զբաղվել իրենց սիրած գործով կողք կողքի:
*   Նա առաջարկեց նրանց դադարել շփվելուց:

5. Which answer is closest in meaning to the word "squeal" in the sentence "The cow would moo loudly, and the pig would **squeal** shrilly"?

- The cow would moo loudly, and the pig would screech shrilly.
- The cow would moo loudly, and the pig would shiver.

6. Which answer is **opposite** in meaning to the word "**go about**" in the sentence "Now you can both **go about** your day together"?

- continue
- stop

7. Insert missing words.

dreamed   screeched   quarreled

- At times the siblings _____________, but they would quickly forget about their arguments.
- My friend _____________ about going to an amusement park.
- The kids _____________ with happiness when they saw the presents.

5.   Ո՞ր տարբերակն է իր իմաստով ավելի մոտ «ճղղում էր» բառին «Կովիկը բարձր բառաչում էր, խոզուկը մի լավ **ճղավում էր**» նախադասության մեջ.

- Կովիկը բարձր բառաչում էր, խոզուկը մի լավ բղավում էր:
- Կովիկը բարձր բառաչում էր, խոզուկը մի լավ դղդում էր:

6.   Ո՞ր տարբերակն է իր իմաստով հակադիր «շարունակել» բառին «Դուք հիմա միասին կարող եք **շարունակել** զբաղվել յուրաքանչյուրն իր գործով» նախադասության մեջ.

- և դրանից դուրս
- դադարեցնել

7.   Լրացրե՛ք բաց թողնված բառերը.

երագում էր   ճղավում էին   վիճում էին

- Երբեմն քույր ու եղբայր ____________, բայց հետո շատ արագ հաշտվում էին:
- Իմ ընկերուհին ____________ գնալ ժամանցի այգի:
- Երեխաներն երջանկությունից ____________, երբ տեսան նվերները:

Module 2.5

Borya the parrot often got very bored. He would then start whistling like a doorbell. His owner Karineh would run to open the door, but nobody would be there. Then he would whistle like Karineh's cell phone. Karineh would pick up her phone and would realize that Borya had been joking. Karineh would then open Borya's cage and let him out to fly amply about the room. Borya was fond of walking on the windowsill and also the desk. When Karineh was reading, Borya would sit on the edge of her book. Karineh would tell Borya, "Borya is a good boy." "Good boy, good boy," Borya would repeat.

1. What is this story about?

- Borya the parrot knows how to deal with boredom.
- Borya's owner has no idea how to cheer him up.

2. How did Borya let Karineh know that it is time for him to fly outside of the cage?

- Borya asked her in a human voice to let him out of the cage.
- Borya started to pull tricks on Karineh.

Մոդուլ 2.5

Բորյա թութակը հաճախ էր ձանձրանում: Այդ ժամանակ նա սկսում էր սուլել ինչպես դռան ճանչը: Տանտիրուհի Կարինեն վազում էր՝ բացելու դուռը, բայց այնտեղ ոչ ոք չէր լինում : Հետո Բորյան ծլնգացնում էր ինչպես Կարինեի բջջային հեռախոսը: Կարինեն ձեռքն էր վերցնում հեռախոսը և հասկանում, որ Բորյան նորից կատակ էր արել: Այդ ժամանակ նա բացում էր Բորյայի վանդակը և թույլ էր տալիս, որ Բորյան ինչքան ուզի թռչի սենյակով մեկ: Բորյան սիրում էր թայել պատուհանագոգի ու գրասեղանի վրայով: Եթե Կարինեն կարդում էր, Բորյան նստում էր նրա գրքի վրա: «Բորյան լավիկն է», __ ասում էր Կարինեն: «Բորրոյան լավվվիկն է, __ կրկնում էր Բորյան:

1. Ինչի՞ մասին է խոսվում տեքստի մեջ.

   • Բորյա թութակը կարող է փարատել ձանձրույթը:
   • Բորյա թութակի տիրուհին չգիտի ինչպես զվարճացնել նրան:

2. Ինչպե՞ս է Բորյան իր տիրուհուն հասկացնում, որ ուզում է թռչել վանդակից դուրս.

   • Նա մարդկային ձայնով խնդրում է, որ նա իրեն բաց թողնի:
   • Նա սկսում է նրա գլխին կատակներ խաղալ:

3. Why did Borya sit on Karineh's book when she was reading?

- He wanted Karineh to tell him something nice.
- He wanted to read with her.

4. What unusual abilities did Borya have?

- He knew how to read.
- He could imitate different sounds, such as the sound of the doorbell or cell phone.

5. Which answer is closest in meaning to the word "amply" in the sentence "Karineh would then open Borya's cage and let him out to fly **amply** about the room"?

- Karineh would then open Borya's cage and let him out to fly about the room for a long time.
- Karineh would then open Borya's cage and let him out to briefly fly about the room.

3.   Ինչու՞ է Բորյան նստում Կարինեի գրքի վրա, երբ նա կարդում է:

- Նա ուզում է, որ Կարինեն իրեն շոյող որևէ բան ասի:
- Նա ուզում է նրա հետ միասին ընթերցել:

4.   Ի՞նչ յուրահատուկ ընդունակություններ ուներ Բորյան.

- Նա կարողանում էր կարդալ:
- Նա կարողանում էր ճշգրիտ ընդօրինակել տարբեր հնչյուններ, օրինակ` հեռախոսի մեղեդին կամ դռան զանգը:

5.   Ո՞ր տարբերակն է իր իմաստով ավելի մոտ «ինչքան ուզի» արտահայտությանը «Այդ ժամանակ նա բացում էր Բորյայի վանդակը և թույլ էր տալիս, որ Բորյան **ինչքան ուզի** թռչի սենյակով մեկ» նախադասության մեջ.

- Այդ ժամանակ նա բացում էր Բորյայի վանդակը և թույլ էր տալիս, որ Բորյան բավականին թռչեր սենյակով մեկ:
- Այդ ժամանակ նա բացում էր Բորյայի վանդակը և թույլ էր տալիս, որ Բորյան մի քիչ թռչեր սենյակով մեկ:

6. Which answer is **opposite** in meaning to the word "**bored**" in the sentence "Borya the parrot often got very **bored**"?

- excited
- not interested in anything

7. Insert missing words.

whistle   joked   ample

- After a long walk, the dog was given ______________ water to drink.
- Our grandfather ______________ so that everyone laughed for a long time.
- All her childhood Varduhi dreamed of learning how to ______________.

Module 3.1

Manoush got a little white kitten for her birthday. She named him Poushok. Manoush always dreamed about pushing a baby doll stroller around with the kitten sitting in it. But Poushok would not sit still in the stroller. He would constantly jump out of it. All day long, Manoush would put Poushok into the stroller. And Poushok would jump out of it right away.

6. Ո՞ր տարբերակն է իր իմաստով հականիշ «ճանճրանում» բառին «Բորյա թութակը հանախ էր **ճանձրանում**» նախադասության մեջ.

- տխրում
- ուրախանում

7. Լրացրե՛ք բաց թողնված բառերը.

սուլել   կատակ էր անում   ինչքան կուզի

- Երկար զրուսանքից հետո շանը չուր տվեցին, որ խմի ______________:
- Մեր պապիկը ____________ այնպես, որ բոլորը երկար ժամանակ ծիծաղում էին:
- Ամբողջ մանկության ընթացքում Վարդուհին երազում էր ____________ սովորել:

Մոդուլ 3.1

Մանուշի ծննդյան օրը նրան փոքրիկ, սպիտակ փիսիկ նվիրեցին: Նա նրան Պուշոկ անվանեց: Մանուշը երազում էր ման տալ փիսիկին տան մեջ՝ տիկնիկների մանկասայլակով: Բայց Պուշոկին սայլակի մեջ չես պահի: Նա անընդհատ դուրս էր թռչում այնտեղից: Ամբողջ օրը Մանուշը նստեցնում էր փիսիկին սայլակի մեջ: Պուշոկն էլ անմիջապես այնտեղից դուրս էր ցատկում:

That night Manoush felt sad. She was disappointed that she could not teach Poushok to sit still in the stroller. But in the morning, Manoush found Poushok sleeping in the stroller peacefully! The kitten would not let Manoush put him in the stroller. But from then on Poushok would climb into it himself.

1. What is the story about?

- Poushok the kitten does not sleep at night.
- Manoush taught the kitten to sleep in the stroller.

2. How did Manoush get to own Poushok?

- Manoush got Poushok for Christmas.
- Manoush got Poushok for her birthday.

3. What did Manoush want to teach Poushok?

- to sit still in a baby doll stroller.
- to jump onto the dining table.

4. Why did Manoush feel sad at bedtime?

- Manoush was sad because Poushok would not play with her dolls.

Քեզլուց առաջ Մանուշ շատ տխուր էր: Նա ցավում էր, որ Պուշոկին այդպես էլ չտվորեցրեց նստել սայլակի մեջ: Առավոտյան Մանուշը Պուշոկին հանգի՛ստ քնած գտավ սայլակի մեջ... Փիսիկը թույլ չտվեց Մանուշին, որ իրեն սայլակի մեջ դնի: Բայց այդ ժամանակից ի վեր, ամեն գիշեր նա ինքն էր բարձրանում՝ դրա մեջ քնի:

1.   Ինչի՞ մասին է խոսվում տեքստի մեջ.

* Պուշոկ փիսիկը չի քնում գիշերները:
* Մանուշը փիսիկին սովորեցնում էր քնել մանկասայլակի մեջ:

2.   Որտեղի՞ց Պուշոկ փիսիկը հայտնվեց Մանուշի մոտ.

* Մանուշը նվեր ստացավ Պուշոկին ծննդյան տոներին:
* Մանուշը նվեր ստացավ Պուշոկին ծննդյան օրը:

3.   Ի՞նչ էր ուզում սովորեցնել Մանուշը Պուշոկին.

* Որ Պուշոկը նստի տիկնիկների մանկասայլակում:
* Որ Պուշոկը ցատկի ճաշի սեղանին:

4.   Ինչու՞ էր Մանուշը տխրում քեզլուց առաջ.

* Մանուշն ափսոսում էր, որ Պուշոկն իր հետ չխաղաց տիկնիկով:

- Manoush was sad because she had not taught Poushok to sit still in a stroller.

5. Which answer is closest in meaning to the word "let" in the sentence "The kitten would **not let** Manoush put him in the stroller"?

- allow
- forbid

6. Which answer is **opposite** in meaning to the word "**peacefully**" in the sentence "But in the morning, Manoush found Poushok sleeping in the stroller **peacefully**"?

- calmly
- anxiously

7. Insert missing words.

peacefully   constantly   sprung

- The poodle ______________ growled at the parrot.
- The children ______________ playing on the playground until the terrible neighbor boy came along.
- Suddenly a clown ______________ out of the box.

- **•** Մանուշն ափսոսում էր, որ այդպես էլ
չւովորեցրեց Պուշկին՝ նստել մանկասայլակի մեջ:

5. Ինչո՞վ կարելի է փոխարինել «թույլ չտվեց»
արտահայտությունը «Փիսիկը **թույլ չտվեց** Մանուշին, որ
իրեն սայլակի մեջ դնի» նախադասության մեջ.

- **•** թողեց
- **•** արգելեց

6. Ո՞ր տարբերակն է իր իմաստով հակադիր «հանգիստ»
բառին «Առավոտյան Մանուշը Պուշկին **հանգի՛ստ**
քնած գտավ սայլակի մեջ...» նախադասության մեջ.
- **•** խաղաղ
- **•** անհանգիստ

7. Լրացրե՛ք բաց թողնված բառերը.

    հանգիստ   անրնդհատ   դուրս ցատկեց

- **•** Պուդելն ___________ գռմռում էր թութակի վրա:
- **•** Երեխաները ___________ խաղում էին
խաղահրապարակում, քանի դեռ չէր եկել հարևան
վնասակար տղան:
- **•** Արկղից անսպասելի ___________ մի ծաղրածու՝
զսպանակի վրա:

Module 3.2

Miqael and his grandfather decided to cook rice soup with vegetables. It came to the point of adding salt to the soup.

"Add a pinch of salt," Grandpa said.
"A pinch?" Miqael asked. "It sounds like the word 'pinch'! Yesterday the neighbor boy pinched me so painfully!"

At that point Miqael put his hand into the salt box and threw a whole fistful of salt right into the pot. His grandfather didn't have time to do anything about it.

"I said a pinch of salt, and you threw a whole fist!" said the grandfather. "A pinch is when you take something with three fingers; it's just a little bit." The grandfather demonstrated to Miqael what a pinch of salt was.

Miqael tasted the soup. But it was impossible to eat! Grandpa felt sorry for Miqael because he was really trying his best. So, Grandpa poured some soup into a bowl and started eating it. He didn't even show that the soup was oversalted. Miqael cheered up.

Մոդուլ 3.2

Միքայելն ու պապիկը որոշեցին բանջարեղենով բրնձի ապուր եփել։ Հերթը հասավ ապուրին աղ լցնելուն։

«Ավելացրու՛ մի պտղունց աղ», — խնդրեց պապիկը։
«Մի պտղու՞նց, — հարցրեց Միքայելը։ — Նման է «ճմկտել» բառին... Երեկ հարևան տղան այնպես ցավոտ ինձ ճմկտեց»։

Այդ ժամանակ Միքայելը ձեռքը մտցրեց աղով լի տուփի մեջ և մի ամբողջ բուռ աղ գցեց ուղիղ կաթսայի մեջ։ Պապիկը չհասցրեց ոչինչ անել։

«Չէ՛ որ ես ասացի՝ մի պտղունց աղ, իսկ դու մի ամբողջ բուռ գցեցիր, — ասաց պապիկը։ —Պտղունց՝ դա այն է, երբ ինչ-որ բան ես բռնում երեք մատներով, դա նշանակում է բոլորովին քիչ-քիչ»։ Պապիկը մի պտղունց աղ ցույց տվեց Միքայելին։

Միքայելը համտեսեց ապուրը։ Հնարավոր չէ՛ր ուտել... Պապիկը ցավում էր Միքայելի համար. չէ որ նա այնպես ջանացել էր։ Այդ ժամանակ պապիկը մի ամանի մեջ ապուր լցրեց ու սկսեց ուտել այն։ Պապիկը նույնիսկ ցույց չտվեց, որ չափից դուրս աղի էր։ Միքայելը զգևորվեց։

"Next time I'll salt it right," Miqael promised, "I've learned by now that a pinch is when it doesn't hurt."

1. What is this story about?

- It's about why grandpa scolded Miqael.
- It's about how Miqael learned what a pinch is.

2. Why did Miqael oversalt the soup?

- He thought that a pinch was a lot of salt.
- He liked salted food.

3. Why did Grandpa start eating the soup?

- He didn't want to throw it away.
- He didn't want Miqael to feel sad.

4. What is a pinch?

- It is when you pick up something loose with three fingers.
- It is the force with which you pinch somebody.

«Մյուս անգամ աղը ճիշտ կգցեմ, — խոստացավ Միքայելը: — Հիմա ես հիշում եմ. պտղունց՝ դա այն է, երբ ճմկտում ես առանց ցավ պատճառելու»:

1.   Ինչի՞ մասին է խոսվում տեքստի մեջ.

   •   Այն մասին, թե ինչի համար էր պապիկը նախատում Միքայելին:
   •   Այն մասին, թե ինչպես Միքայելը հասկացավ՝ ինչ բան է «պտղունցը»:

2.   Ինչու՞ Միքայելը չափից դուրս աղ գցեց ապուրի մեջ.

   •   Նա մտածեց, որ պտղունցը դա շատ աղն է:
   •   Նա չափազանց աղի ուտելիք էր սիրում:

3.   Ինչու՞ պապիկն սկսեց ուտել չափազանց աղի ապուրը.

   •   Նա ափսոսում էր թափել ապուրը:
   •   Նա չէր ուզում հիասթափեցնել Միքայելին:

4.   Ի՞նչ է պտղունցը.

   •   Դա այն է, երբ ինչ-որ փշրվող բան ես վերցնում երեք մատերով:
   •   Դա ուժ է, որով ճմկտում ես:

5. What is the closest substitute for the word "**pinch**"?
- a dash
- a scratch

6. Which answer is **opposite** in meaning to the word "**cheered up**" in the sentence "Miqael **cheered up**"?

- rejoiced
- became upset

7. Insert missing words.

cheered up   tried   show

- Kajik spoke quietly and _____________ not to wake his grandfather.
- Zaruhi tried not to _____________ that she was sorry.
- The girl cried, but quickly _____________ when she was given a kitten.

5. Ինչո՞վ կարելի է փոխարինել «**պտդունց**» բառը.

   • մի բուռ
   • ճմկտել

6. Ո՞ր տարբերակն է իր իմաստով հակադիր «ողնորվեց» բառին «Միքայելը **ողնորվեց**» նախադասության մեջ.

   • ուրախացավ
   • տխրեց

7. Լրացրե՛ք բաց թողնված բառերը.

   Ողնորվեց   ջանում էր   ցույց չտվեց

   • Քաշիկը ցածրաձայն էր խոսում և ___________ չարթնացնել պապիկին:
   • Զարուհին նույնիսկ ___________, որ ինքը վիրավորված էր:
   • Աղշիկը լաց էր լինում, բայց արագ ___________, երբ կատվի ձագուկին տվեցին իրեն:

Module 3.3

Tall weeds grew in the yard of the cottage. Mom and Dad were going to pull them all out. But Qnarik begged them not to. Qnarik was a very imaginative girl. She imagined that the yard was a magical forest, and the weeds were magical trees. Qnarik would run between the tall weeds and pretend that she was playing hide-and-seek with the forest fairies.

Qnarik noticed that one of the weed-trees had a broken branch. "This must be a prank of an evil forest spirit," she said. The girl tied the branch back to the stem with a hair ribbon and watered it often. In a few days, the twig grew back to the stem! The evil forest spirit had failed to harm the magical weed-tree.

Later, when dad and mom were cleaning up the yard, they pulled out all the weeds except for the one Qnarik had saved. And it kept growing in the yard near the fence, and over the summer it grew taller than Qnarik.

Մոդուլ 3.3

Ամառանոցի բակում աճել էին բարձր մոլախոտեր: Մայրիկն ու հայրիկը պատրաստվում էին դրանք բոլորը դուրս քաշել: Բայց Քնարիկը աղաչում էր նրանց` չանել դա: Քնարիկը  մեծ երազող էր:Նա երևակայում էր, որ բակը` դա մոգական անտառ էր: Իսկ մոլախոտերը` կախարդական ծառեր: Քնարիկը վազվզում էր ծառ-մոլախոտերի արանքով և պատկերացնում էր` իբր պահմտոցի է խաղում անտառային փերիների հետ:

Քնարիկը նկատել էր, որ մի ծառ-մոլախոտի փոքրիկ ճյուղը կոտրվել էր: «Սրանք անտառային չար ոգիների հնարքներն են», — հայտարարեց նա: Աղջիկը ճյուղը մագի ժապավենով նորից կապեց ցողունից և հաճախ էր ջրում այն: Մի քանի օր անց ճյուղը աճե՛ց, նորից կպավ ցողունին: Անտառային չար ոգուն չհաջողվեց վնասել կախարդական ծառ-մոլախոտին:

Հետագայում, երբ հայրիկն ու մայրիկը կարգի էին բերում բակը, նրանք հանեցին բոլոր մոլախոտերը` բացի այն մեկից, որին փրկել էր Քնարիկը: Այդպես էլ այն մնաց, որ աճի բակում` ցանկապատի մոտ, ու ամռան ընթացքում աճեց Քնարիկից էլ բարձր:

1. What is the story about?

- •   It is about how Qnarik planted some plants.
- •   It is about how Qnarik played pretend in the cottage yard in the summer.

2. Why did Qnarik beg her parents not to pull out the weeds?

- •   Qnarik was playing in the yard pretending that the weeds were magical trees.
- •   Qnarik was hiding from the sun in the shade of the weeds.

3. How did Qnarik save the broken weed?

- •   She used fertilizers.
- •   She tied the broken branch back to the weed.

4. Why didn't Qnarik's parents pull out the weed she had saved?

- •   The weed grew so tall it became impossible to pull it out.
- •   They felt sorry to pull the weed that Qnarik had been tending to.

1. Ինչի՞ մասին է խոսվում տեքստի մեջ.

- Այն մասին, թե ինչպես էր Քնարիկը բույսեր տնկում:
- Այն մասին, թե ինչպես էր Քնարիկն ամռանը խաղում բակում:

2. Ինչու՞ Քնարիկը խնդրեց ծնողներից՝ չհեռացնել մոլախոտերը.

- Քնարիկը խաղում էր բակում և երևակայում, որ մոլախոտերը՝ դրանքկախարդական ծառեր են:
- Քնարիկն արևից թաքնվում էր մոլախոտերի ստվերում:

3. Ինչպե՞ս Քնարիկը փրկեց կոտրված մոլախոտը.

- Նա պարարտանյութ օգտագործեց:
- Նա նորից կապեց կոտրված ճյուղը մոլախոտից:

4. Ինչու՞ Քնարիկի ծնողները չհանեցին փրկված մոլախոտը.

- Դա բարձր մոլախոտ էր, որին հնարավոր չէր հեռացնել:
- Նրանք ափսոսում էին հանել այն մոլախոտը, որին խնամել էր Քնարիկը:

5. Which answer is closest in meaning to the word "prank" in the sentence "This must be a **prank** of an evil forest spirit"?

- a story
- a trick

6. Which answer is the **opposite** of the word "**begged** " in the sentence "But Qnarik **begged** them not to"?

- asked
- demanded

7. Insert missing words.

prank   imagined   harm

- Peter read about how not to ____________ nature.
- As a child, I often dreamed of adventures and ____________ myself a rescuer.
- There were potatoes scattered on the floor. This is a ____________ of our cat Simon.

5. Ինչո՞վ կարելի է փոխարինել «հնարքներ» բառը «Սրանք անտառային չար ոգիների **հնարքներն** են» նախադասության մեջ.

- պատմություններ
- կատակներ

6. Ո՞ր տարբերակն է իր իմաստով հակադիր «ազատում էր» բառին «Բայց Քնարիկը **ազատում էր** նրանց` չանել դա» նախադասության մեջ.

- խնդրում էր
- պահանջում էր

7. Լրացրե՛ք բաց թողնված բառերը.

Հնարքներ երևակայում չվնասել

- Պետրոսը կարդում էր այն մասին, թե ինչպես ____________ բնությանը:
- Մանուկ ժամանակ ես հաճախ էի երազում արկածների մասին և ինձ փրկիչ էի ____________:
- Կարտոֆիլն ընկած էր հատակին: Դա մեր Սիմոն կատվի ____________ էին:

**

The dog was allowed to go outside, but the cat was not. So, the cat was very jealous of the dog. The dog spent the whole day running from the house to the yard and back again. He could not decide whether he was better off at home or in the yard. While in the yard, the dog often imagined that everyone at home was playing catch with the cat and was feeding her sausages. The dog felt bad that everyone at home was having fun without him. The dog knew that his owners did not like it when he barked loudly. So, he would start barking, and the owners would immediately get him into the house.

At home though nobody played catch. There was no smell of sausages either. Then the dog would recall that he could chase birds in the yard. He also liked to scratch his sides against the fence. The dog would start to whine persistently and point his face at the door. This is how he usually asked his owners to let him go outside. The owners would let him out right away.

This back and forth would go on all day long.

The cat wondered why the dog did not appreciate his freedom and was always unsatisfied. If the cat was allowed in the yard, she would have hung out there until very late at night, instead of running back and forth.

Մոդուլ 3.4

Շանը թույլատրվում էր բակ դուրս գալ, իսկ կատվին՝ ոչ: Այդ պատճառով էլ կատուն շատ էր նախանձում շանը: Շունն ամբողջ օրը տնից բակ էր ներտվում և բակից՝ տուն: Նա ոչ մի կերպ չէր կարողանում որոշել, թե որտեղ էր իր համար ավելի լավ՝ տանը, թե բակում: Բակում շունը հաճախ էր պատկերացնում, թե ինչպես են տանը բոլորը կատվի հետ բռնցքի խաղում ու կերակրում կատվին նրբերշիկներով: Շունն իրեն վիրավորված էր զգում, որ տանը բոլորն ուրախանում են առանց իրեն: Շունը գիտեր, որ տերերին դուր չի գալիս, երբ ինքը բարձր հաչում էր: Այդ ժամանակ նա սկսում էր վնգստալ, և նրան անմիջապես տուն էին բջում:

Իսկ տանը ոչ ոք բռնցքի չէր խաղում: Նրբերշիկների հոտ նույնպես չէր գալիս: Այդ ժամանակ շունը հիշում էր, որ կարելի էր ծիտիկներին բջել բակում: Նա նաև սիրում էր քորել կողերը ցանկապատով: Շունն սկսում էր համառորեն վնգստալ ու տերերին իր մռութով ցույց էր տալիս դեպի դուռը: Այդպես նա սովորաբար խնդրում էր դուրս գնալ: Տերերը նրան անմիջապես դուրս էին թողնում:

Այսպես շարունակվում էր ամբողջ օրը:

Կատուն ապշած էր, թե ինչպես շունը չի գնահատում իր ազատությունը ու միշտ դժգոհ էր: Ա՛յ թե կատվին

1. What is the story about?

- It is about how the cat and the dog feel about spending time outside.
- It is about how the dog was chasing the cat.

2. Why did the dog keep asking to go back home from the yard?

- It was too noisy in the yard.
- The dog thought that everybody was playing with the cat and feeding her sausages, while he was outside.

3. What attracted the dog to the yard?

- He could chase birds in the yard.
- The weather was nice in the yard.

4. What did the cat dream about?

- The cat dreamed of fried sausages.
- The cat wanted to hang out outside until very late at night.

թողնեին բակ, նա կզբոսներ միչ մութն ընկնելը ու չեր վազի հետ ու առաչ:

1.   Ինչի՞ մասին է խոսվում տեքստի մեչ.

   • Այն մասին, թե ինչպես են կատուն ու շունը վերաբերվում բակային գրոսանքներին:
   • Այն մասին, թե ինչպես է շունը քշում կատվին:

2.   Ինչու՞ եր շունն ամբողչ ժամանակ խնդրում, որ բակից տուն գնա:

   • Բակում չափազանց աղմուկոտ եր:
   • Շունը մտածում եր, որ տանն առանց իրեն խաղում են կատվի հետ ու նրբերշիկ ուտում:

3.   Բակում ի՞նչն եր գրավում շանը.

   • Բակում կարելի եր ընկնել ծիտիկների հետևից:
   • Բակում հաճելի եղանակ եր:

4.   Ինչի՞ մասին եր երագում կատուն.

   • Կատուն երագում եր տապակած նրբերշիկների մասին:
   • Կատուն երագում եր զբոսնել մինչև մութն ընկնելը:

5. Which answer is closest in meaning to the word "persistently" in the sentence "The dog would start to whine **persistently** and point his face at the door"?

- endlessly
- unpleasantly

6. Which answer is **opposite** in meaning to the word "**loudly**" in the sentence "The dog knew that his owners did not like it when he barked **loudly**"?

- intensely
- quietly

7. Insert the missing words.

insulting   recalled   ran

- In the aquarium the silver fish ______________ back and forth.
- Varsik got very angry, but she did not resort to ______________ words.
- The teacher often ______________ all the fun years at university.

5.   Ինչո՞վ կարելի է փոխարինել «համառորեն» բառը
«Շունն սկսում էր **համառորեն** վնգստալ ու տերերին իր
մռութով ցույց էր տալիս դեպի դուռը» նախադասության
մեջ.

- հաստատամիտ
- տհաճ

6.   Ո՞ր տարբերակն է իր իմաստով **հակադիր** «բարձր»
բառին «Շունը գիտեր, որ տերերին դուր չի գալիս, երբ ինքը
բարձր հաչում էր» նախադասության մեջ.

- ադմկոտ
- հանդարտ

7.   Լրացրե՛ք բաց թողնված բառերը.

    Վիրավորական   հիշում   նետվում էին

- Ակվարիումի մեջ արծաթագույն ձկները
_____________ մի կողմից մյուսը:
- Վասրսիկը բարկացավ, բայց ____________ բառ
չասաց:
- Ոևսուցչիչը հանախ էր ____________
համալասարանում անց կացրած երջանիկ տարիները:

Module 3.5

Mom and Vanik decided to grow vegetables and berries on their balcony. Mom bought large pots. She put some specially fertilized soil from a bag into the pots. Then mom and Vanik started sowing the vegetable and berry seeds. Vanik would dig a small hole in the soil. Then he would put seeds in it and cover them with some soil. His mother reminded him that he should water the plants regularly.

For almost a whole year, Vanik and his mother harvested the bushes. First, they had bright-red strawberries. Then they would pick green cucumbers. After the cucumbers came red juicy tomatoes.

Finally, mom asked Vanik to pick potatoes. Vanik looked at the plant and found nothing. "The potatoes didn't grow," he said. Then his mother smiled and pulled the plant out of the ground. That's how Vanik learned that potato tubers grow in the ground.

Մոդուլ 3.5

Մայրիկն ու Վանիկը որոշեցին պտուղ քանջարեղեն աճեցնել իրենց պատշգամբում: Մայրիկը մեծ զամբյուղներ գնեց: Այնտեղ նա հատուկ պարարտացված հող լցրեց պարկից: Հետո մայրիկն ու Վանիկն անցան տարբեր քանջարեղեն ու հատապտուղ ցանելուն: Վանիկը հողի մեջ ոչ մեծ փոսիկներ փորեց: Հետո նա սերմը դրեց այնտեղ և հող ցանեց վրեն: Մայրիկը հիշեցնում էր Վանիկին՝ ժամանակին ջրել բույսերը:

Գրեթե կլոր տարին Վանիկն ու մայրիկը թփերից քերք էին հավաքում: Սկզբում նրանց մոտ հայտնվեցին ելակի մունգ կարմիր պտուղները: Հետո նրանք հավաքեցին կանաչ վարունգները: Վարունգներից հետո՝ կամիր հյութեղ լոլիկները:

Վերջապես մայրիկը կանչեց Վանիկին՝ կարտոֆիլ հավաքելու: Վանիկը նայեց թփին ու ոչինչ չգտավ այնտեղ: «Բայց կարտոֆիլը չի աճել», — ասաց նա: Այդ ժամանակ մայրը ժպտաց և քաշեց- հանեց թուփը հողից: Այդպես Վանիկը հասկացավ, որ կարտոֆիլի պալարներն աճում են հողի մեջ:

1. What is the story about?

- It is about the benefits of eating vegetables.
- It is about how mom and Vanik grew vegetables and berries.

2. How did Vanik remember when to water the plants?

- His mother would remind him to do it.
- He set a reminder on his phone.

3. Which vegetables or berries ripened first?

- The cucumbers ripened first.
- The strawberries ripened first.

4. Why did Vanik think that the potatoes had not grown?

- Vanik did not know that potato tubers grow in the ground.
- Vanik pulled out the potato plant and did not find any tubers growing on the roots.

5. Which answer is closest in meaning to the word "started" in the sentence "Then mom and Vanik **started** sowing the vegetable and berry seeds"?

1.   Ինչի՞ մասին է խոսվում տեքստի մեջ.

   • Այն մասին, թե որքան օգտակար է բանջարեղեն
ուտելը:
   • Այն մասին, թե ինչպես էին մայրիկն ու Վանիկը
պտուղ բանջարեղեն աճեցնում:

2.   Որտեղի՞ց էր հիշում Վանիկը, թե երբ ջրի բույսերը.

   • Այդ մասին նրան հիշեցնում էր մայրը:
   • Նա հեռախոսի մեջ իր համար հիշեցնում էր թողել:

3.   Առաջինը ո՞ր բանջարեղեններն ու հատապտուղները
հասունացան.

   • Առաջինը հասունացան վարունգները:
   • Առաջինը հասունացավ ելակը:

4.   Ինչու՞ Վանիկը որոշեց, որ կարտոֆիլը չի հասել.

   • Վանիկը չգիտեր, որ կարտոֆիլի պալարներն
աճում են հողի մեջ:
   • Վանիկը հանեց կարտոֆիլի թուփը, բայց
արմատների վրա ոչինչ չկար:

5.   Ինչո՞վ կարելի է փոխարինել «անցան» բառը « Հետո
մայրիկն ու Վանիկն **անցան** տարբեր բանջարեղեն
ցանելուն» նախադասության մեջ.   81

- planned on
- began

6. Which answer is **opposite** in meaning to the word "**regularly**" in the sentence "His mother reminded him that he should water the plants **regularly**"?

- occasionally
- consistently

7. Insert missing words.

special   juicy   began

- I had to urgently buy a _____________ uniform for cycling.
- In the morning everybody ____________ cleaning up.
- The meatballs that Grandpa made turned out especially ____________.

- մտածեցին
- սկսեցին

6. Ո՞ր տարբերակն է իր իմաստով **հակադիր** «**ժամանակին**» բառին «Մայրիկը հիշեցնում էր Վանիկին` **ժամանակին** ջրել բույսերը» նախադասության մեջ.

- ուշ
- ճիշտ ժամին

7. Լրացրե՛ք բաց թողնված բառերը.

    հատուկ   հյութեղ   անցան

- Շատ անհրաժեշտ էր անհապաղ գնել ____________ համազգեստ` հեծանիվ քշելու համար:
- Առավոտից բոլորն ____________ մաքրության:
- Պապիկի կոտլետները յուրահատուկ ____________ ստացվեցին:

Based in LA and rooted in a profound belief in the science of education, LA Digital Publications is a dynamic force in the realm of children's literature. Their diverse catalog of books spans numerous languages, including Armenian, Ukrainian, Russian, French, Spanish, German, and more, reflecting their dedication to facilitating language acquisition and cultural immersion for young readers. Through a collaborative effort with language experts, each publication is carefully crafted to provide a unique and enriching reading experience. LA Digital Publications' commitment to nurturing young minds goes beyond just language; it is a journey of knowledge and exploration that shapes the future of our budding scholars.